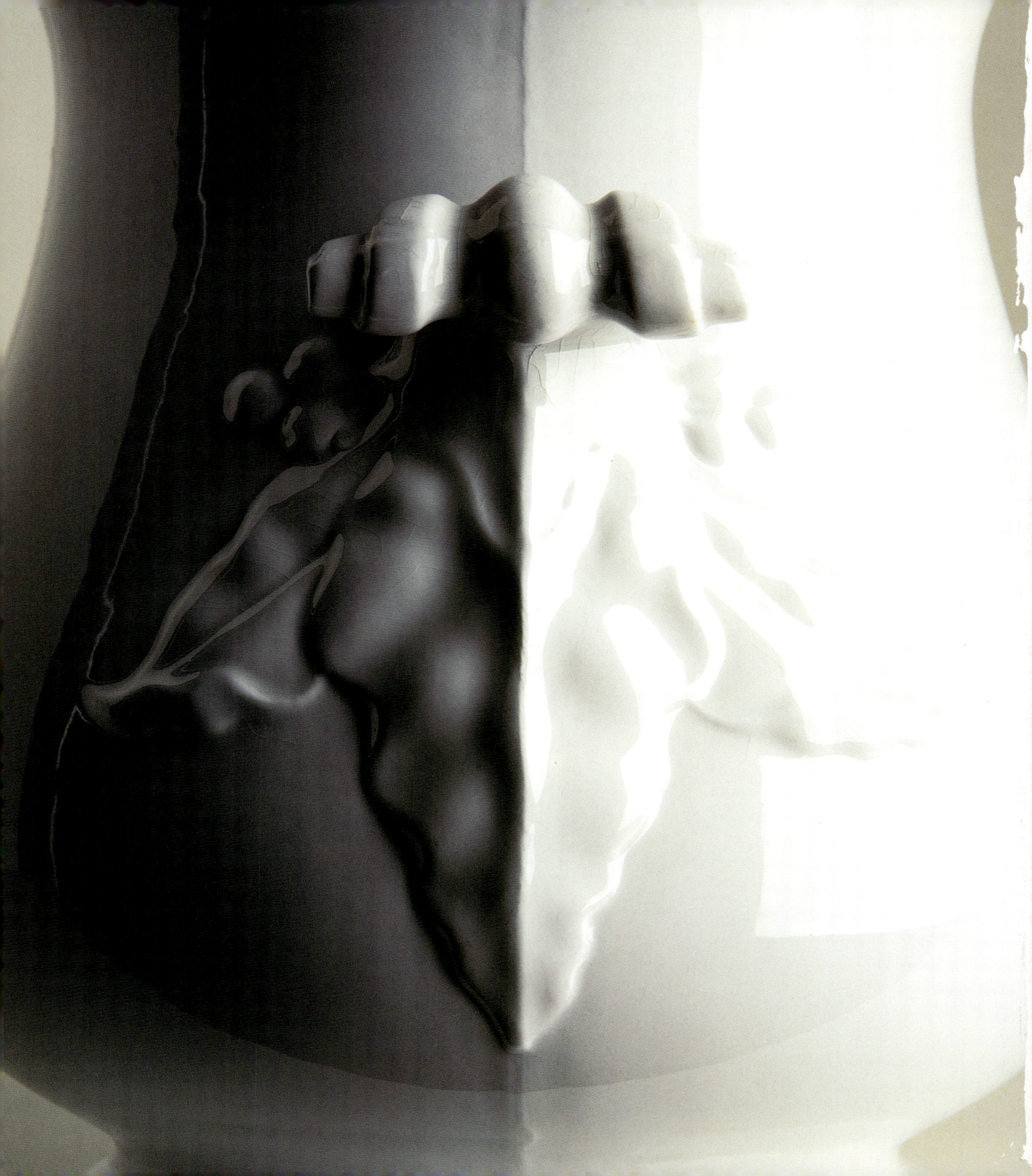

Objets domestiques
VAISSELLES

Objets domestiques

VAISSELLES

SUZANNE SLESIN
DANIEL ROZENSZTROCH
STAFFORD CLIFF

PHOTOGRAPHIES D'AMBIANCE :
MARIE-PIERRE MOREL

PHOTOGRAPHIES DE STUDIO:
MARC SCHWARTZ

MAQUETTE : STAFFORD CLIFF

EDITIONS
ABBEVILLE

NEW YORK • PARIS • LONDRES

Titre de l'édition originale : *Kitchen Ceramics*
Traduit de l'anglais par Clémence Guibout

Dépôt légal 4e trimestre 1997
ISBN 2-87946-144-8
Imprimé à Honk Kong

Première de couverture : Pièces décorées à la barbotine (voir p. 132-133)
Quatrième de couverture : Faïence fine blanche (voir p. 50-51)
Pages de garde : Poterie rouge (voir p. 60-61)
Verso de la page de garde : Faïence fine blanche, détail d'un pichet à eau
du modèle « Maddock Pear ».
Frontispice : Plat à pain anglais décoré à la barbotine, rare en raison
de ses dimensions exceptionnelles (35,5 cm x 53 cm).
Pages 3 et 4 : Faïence fine blanche , la taille des plats ayant
cette forme particulière varie généralement entre 25 cm et 50 cm.

PRÉFACE

C'est avec la jatte, le plus ordinaire des objets domestiques, qu'est né notre intérêt pour la vaisselle populaire. Simple, fonctionnelle et indispensable dans les cuisines d'autrefois, elle ne manquait jamais d'attirer notre attention dans les marchés aux puces, foires et autres brocantes. En grès ou en faïence fine, ornée de simples bandes de couleur ou de motifs en relief, elle était toujours irrésistible par sa simplicité et son côté réconfortant.

Réservée tout d'abord à la préparation de la pâtisserie, la jatte a trouvé dans notre vie quotidienne de multiples fonctions et gagne souvent la table de salle à manger, garnie de pâtes ou de salade, ou encore, quand elle est petite, remplie de soupe ou des céréales du petit déjeuner.

Très vite, notre enthousiasme devant chaque nouvelle découverte nous a amenés à posséder plus de jattes que nous n'en pouvions utiliser. Et pourtant, même quand elles finissent par se fêler, nous les trouvons si belles qu'elles méritent de devenir purement décoratives.

Peu à peu, la variété des formes et des techniques mises au service de ces objets du quotidien nous a passionnés. Au gré de nos découvertes et de nos coups de cœur, nous avons constitué cette collection, admiratifs devant l'élégance de l'*ironstone* (faïence fine blanche), émus par la simplicité du *yellowware* (céramique grésée jaune), ébahis par ce remarquable exemple d'art populaire qu'est le *redware* (poterie rouge) ou séduits par la variété et l'inventivité des décors du *spongeware* (céramique décorée à l'éponge) et du *mochaware* (céramique herborisée ou décorée à la barbotine).

Ces objets usuels du passé nous ont ouvert la porte des cuisines d'autrefois, évoquant le plaisir tout simple de dresser une belle table, de sentir la chaleur qui accompagne la préparation d'un repas, ou celui de la convivialité.

Mais tout en appréciant les objets anciens, nous souhaitions leur trouver une fonction adaptée à notre vie quotidienne - attachés que nous sommes à redéfinir nos modes de vie. Nous les avons donc sortis de la cuisine, n'hésitant pas à dresser la table de la salle à manger avec du *yellowware* ou avec un service composé d'assiettes dépareillées décorées à l'éponge, à honorer la console de l'entrée d'un grand plat à pain décoré à la barbotine, à exposer notre collection de *mochaware* sur la cheminée ou à disposer un bouquet de fleurs dans un de ces grands pichets à lait caractéristiques de l'*ironstone*. Et voilà comment, non contents d'admirer les charmes impérissables de ces objets chinés avec passion, nous redécouvrons, grâce à eux, un art de vivre aujourd'hui.

PAGES PRÉCÉDENTES *Redware* : plat à pain décoré à la barbotine, commémorant l'alliance de La Fayette et de Washington pendant la Révolution américaine.

À GAUCHE *Yellowware* : les reliefs de la surface beige pâle de ces jattes anciennes évoquent, curieusement, la texture des balles de golf d'autrefois.

N.B. Cette vaisselle essentiellement américaine n'ayant pas, dans la plupart des cas, d'équivalent français, nous avons choisi de laisser la terminologie anglaise, en l'accompagnant de la définition française la plus proche.

A GAUCHE *Spongeware* : employé dans une cuisine «high-tech», ce service portugais, au décor très coloré, prend soudain des allures tout à fait contemporaines.

A DROITE Assiette française de Forges-les-Eaux, dont la forme octogonale était très en vogue au milieu du XIXe siècle. L'aile relevée et bordée d'un rang de perles est ornée d'un décor brun putoisé et soulignée d'un cercle de manganèse tandis que le motif floral du centre a été peint à la main.

4

HISTOIRE

C'est à la fin du XVIIe siècle et jusqu'à une période récente, que le Staffordshire, région située au cœur de l'Angleterre, proche du port très actif de Liverpool et surnommée depuis « The Potteries », va produire l'essentiel de la céramique (en terre ou en pierre fusible) destinée à l'Angleterre et à l'exportation dans le monde entier.

L'abondance de charbon et le nombre important de cours d'eau au lit argileux attirent dans la région les nouvelles manufactures ainsi que pour les potiers et autres artisans, qui vont y produire des milliers et des milliers d'articles. L'*ironstone* (faïence fine blanche) n'est qu'un type de céramique parmi d'autres mais, grâce à son aspect simple et fonctionnel, il va très vite prendre une place importante dans la vie quotidienne d'une classe moyenne en pleine expansion. En Amérique, où les premiers colons ne s'encombrent pas des raffinements de leurs ancêtres anglais, cette vaisselle bon marché connaît un vif succès, remplaçant le très rustique *redware* (poterie rouge) employé jusqu'alors. Les tables dressées avec de la vaisselle blanche toute simple sont très populaires, même dans les zones rurales. L'*ironstone*, importé d'Angleterre ou fabriqué en Amérique, est même décrété « important pour la santé », car facile à nettoyer. En Amérique, la céramique va se développer à la fin des années 1870, non seulement en raison de l'abondance des dépots d'argile, nécessaire à sa fabrication, mais aussi grâce à la présence d'artisans anglais émigrés en Amérique.

A GAUCHE Pot à conserves en grès orné d'un perroquet bleu de cobalt, fabriqué entre 1859 et 1870 par F. B. Norton, à Worcester, dans le Massachusetts. Il était sans doute muni, à l'origine, d'un couvercle en bois qui reposait directement sur le contenu du pot.

Pour ce qui est du *spatterware* (céramique à décor putoisé) et du *spongeware* (céramique décorée à l'éponge) divers pays dont la Hollande, l'Allemagne et la Belgique, vont développer leur propre industrie pour se protéger de l'afflux de marchandise anglaise. Le nom de beaucoup de jeunes potiers anglais, venus s'installer en France, est associé aux grandes manufactures françaises, auxquelles ils ont apporté leur savoir-faire et leur expérience. Le plus célèbre du Staffordshire est Josiah Wedgwood, qui a su voir que le marché de l'exportation pouvait devenir beaucoup plus important que celui, intérieur, de son pays natal.

Il y a encore peu de temps, le *spongeware* et le *yellowware* (céramique grésée jaune) constituaient la base de presque tous les foyers, à la cuisine comme sur la table de salle à manger. Le *yellowware*, avec ses lourdes jattes aux bandes colorées, était employé quotidiennement pour préparer une pâte ou la faire lever. On versait le lait dans des cruches décorées à l'éponge tandis que les tourtières faisaient sans cesse la navette entre le four et la table. Les aliments frais séchés, salés, trempés dans du vinaigre ou fumés, sont ensuite conservés dans toutes sortes de pots en céramique.

Il était important que cette vaisselle soit robuste, la plupart des familles ayant des revenus limités et peu de place pour l'entreposer. La céramique restera la base de la vaisselle jusqu'à ce que le verre industriel et les matières plastiques viennent la supplanter, avec l'arrivée de l'électricité et du réfrigérateur moderne.

En Amérique, la cuisine, avec sa grande cheminée, est le centre de la maisonnée. On s'y occupe à préparer la nourriture et la servir, ou encore la conserver. Au début du XIXe siècle, la

céramique moulée commence à remplacer l'étain dans la cuisine et avant la fin du même siècle, le *yellowware* est disponible presque partout, sur catalogue, en une infinie variété d'articles.

La céramique de cuisine, du *redware* le plus rustique – plats à pain ou pots à conserves des cuisines coloniales – jusqu'à l'*ironstone*, qui traduit les goûts et les aspirations des classes moyennes victoriennes, en passant par le *yellowware*, avec sa jatte omniprésente, robuste et pratique, sert de lien entre les valeurs domestiques des cuisines d'autrefois et l'émergence de l'intérieur moderne.

EN HAUT À GAUCHE Potiers au travail dans l'une des nombreuses manufactures de céramique du sud-ouest de la France.

EN BAS À GAUCHE La Royal Albert Works, usine d'Alfred Meakin, à Tunstall, en Angleterre, au tournant du siècle.

A DROITE Les hauts fours à émail dominent l'usine de la Royal Albert Works.

En haut Deux ouvriers d'Alfred Meakin mélangeant de l'argile cru, entourés du système complexe de courroies et de poulies qui entraînent le mécanisme.

En bas Les gazettes - pots en terre servant à protéger les pièces pendant la cuisson - sont remplies de pièces émaillées avant d'être passées au feu.

EN HAUT Les ouvriers disposent les pièces en terre dans du sable siliconé à l'intérieur des gazettes avant des les placer dans le four à biscuit.

EN BAS Avant d'être expédiés dans le monde entier, les articles terminés sont protégés avec de la paille et emballés dans de grandes caisses en bois.

Cuisine bourgeoise au XIXe siècle.

IRONSTONE

Faïence fine blanche

L'*ironstone* blanc, que l'on appelle aussi granit blanc, connaît son heure de gloire en Angleterre, dans les années 1840. Potiers et poteries étaient alors regroupés dans le Staffordshire en raison de la richesse de ses ressources naturelles et de la proximité du port animé de Liverpool. De là, cette vaisselle pouvait être expédiée vers les marchés étrangers, en pleine expansion, et particulièrement vers l'Amérique.

Selon un procédé breveté en 1813 par Charles Mason, l'*ironstone* anglais était, à l'origine, orné d'un décor bleu et noir imprimé par transfert. Mais ce sont les versions blanc émaillé avec décor en relief qui vont trouver les plus gros marchés dans le Nouveau Monde. Entre 1850 et 1870, cette faïence fine blanche, bon marché grâce à l'absence de décor et disponible dans des centaines de modèles pour satisfaire à la demande d'une clientèle nouvelle, connaît un immense succès. A cette époque, même dans les familles rurales les plus pauvres, l'*ironstone* blanc a remplacé la poterie rouge. Grâce à son poids et à sa solidité, il s'avère facile à transporter, à un moment où les familles de pionniers se lancent à la conquête de l'Ouest.

De couleur blanc-bleuté, cette faïence fine émaillée, très résistante, supporte des températures élevées, ce qui la rend particulièrement adaptée à l'infusion du thé, élément fondamental de la vie des Anglais. Elle atteint des sommets de créativité entre les mains de maîtres potiers tels que Thomas, John et Joseph Mayer, trois frères qui fondent la manufacture T. J. & Mayer en 1837 et vont créer certains des modèles les plus originaux dans ce domaine, avec d'inoubliables décors de boutons et d'anses.

Les premiers modèles sont souvent des variations sur le thème gothique anglais, avec des panneaux hexagonaux ou octogonaux qui donnent aux plats de service, immenses, un aspect puissant et majestueux. Vers 1860, des décors naturalistes plus délicats, tels que les fruits rouges et les épis de blés, connaissent un certain succès et évoluent vers des décors de feuilles et de fleurs très élaborés. A la fin des années 1870, des formes simples, plus géométriques, remplacent les ornements sophistiqués des décennies précédentes.

Au milieu du XIXe siècle, en Amérique, l'*ironstone* est surnommé « porcelaine du fermier », en référence à ses origines modestes. A la fin du même siècle, la vaisselle unie perd les faveurs de la table, les classes moyennes urbaines préférant les services plus riches et plus ornés.

L'extraordinaire production qui inonda l'Amérique dans la seconde moitié du XIXe siècle fait qu'il est encore possible de faire collection de ces pièces. Lavable en machine, resistant à un usage quotidien, l'ironstone blanc a prouvé qu'il pouvait s'adapter à un mode de vie moderne. Si les collectionneurs apprécient surtout les modèles les plus sophistiqués les formes basiques et indémodables de ces pièces anciennes leur confèrent un caractère actuel.

A GAUCHE Quintessence de l'*ironstone* anglais, cette soupière et cette saucière, d'un blanc étincelant, sont relativement robustes tout en ayant l'aspect raffiné de la porcelaine fine. Ce modèle «Classic Gothic» de T.J. & J. Mayer (milieu du XIXe siècle) est orné d'un bouton en forme de couronne et d'anses ouvragées qui contrastent avec la simplicité géométrique du corps des différentes pièces de service.

Les soupières et les légumiers, fabriqués pendant toute la seconde moitié du XIXe siècle, sont munis d'un couvercle permettant de garder les légumes au chaud. De forme ovale, hexagonale ou octogonale, et souvent disponibles

en trois tailles différentes, ils sont assortis aux pièces plus ornées du service. Pour faciliter l'emploi, la plupart ont des anses, qui faisaient généralement l'objet, avec les boutons, d'une attention particulière.

Légumier anglais du modèle « Wheat and Clover ». Avec son élégante bordure composée d'épis de blé et de trèfle, ce modèle était très apprécié et proposé par plusieurs fabriquants, dont Tomkinson Brothers & Company, Turner & Tomkinson et Challinor & Company.

A DROITE Saucière ovale et son plateau, du modèle « Scrolled Bubble », créé par la manufacture J.W. Pankhurst. Elle peut encore être utilisée dans sa fonction d'origine, même sans sa cuiller.

Une saucière complète se composait de quatre pièces : un couvercle, un corps, un plat et une cuiller. Dans la plupart des cas, l'orifice dans le couvercle destiné à recevoir la cuiller était conçu pour les droitiers. Toutefois, la première saucière à droite, dans la rangée du milieu, a une fente prévue pour les gauchers. Celle à six côtés (troisième en partant de la gauche, dans la rangée du bas), du modèle « Sydenham », a une glaçure d'aspect plus transparent.

La troisième saucière en partant de la gauche, dans la rangée du haut, du modèle « Ribbed Raspberry », est ornée d'un motif complexe de côtes sur lesquelles viennent se superposer des feuilles et des framboises. J. & G. Meakin était l'un des fabriquants de ce modèle classique. La saucière de Gelson Brothers (troisième à partir de la droite dans la deuxième rangée), avec ses anses en forme de becs d'oiseaux entrecroisés, est très rare. Le modèle s'appelle « Eagle Dove », « Diamond » ou « Thumbprint ».

CI-DESSOUS ET À DROITE Ces soupières et ces saucières, de tailles différentes mais de forme identique, avec leur plateau respectif, ont été fabriquées par T. J. &J. Mayer, selon deux modèles déposés en 1847. Le modèle « Long Octagon », ci-dessous, a des boutons caractéristiques en forme de coussin. Ceux du modèle « Classic Octagon », à droite, ont la forme d'une feuille d'acanthe et les anses sont enroulées.

Fabriqués par diverses manufactures anglaises dans les années 1860, dont T.&R. Boote, Burgess & Goddard, ainsi que William Adams & Sons, et utilisés, à l'origine, uniquement pour servir les fruits ou les compotes, ces compotiers étaient employés à l'origine pour servir des fruits ou des compotes. Présentés sur les étagères rustiques d'une cuisine de campagne, ils s'intègrent aisément à n'importe quel service de table contemporain.

Les pièces de service sur pied existent en une grande variété de hauteurs et de formes. Celles de la rangée du haut, presque plates, servaient à présenter les biscuits et les petits gâteaux ; les autres, plus profondes, étaient réservées à un usage plus cérémonieux. Certaines ont un pied réticulé ou un corps ajouré,

non seulement par souci décoratif mais aussi pour permettre à l'air de circuler autour des fruits frais ou des châtaignes grillées encore chaudes. Il n'était pas rare de trouver au centre de la table ou sur une console une de ces pièces élégantes, garnie ou non de fleurs.

Bol à *syllabub* (entremet sucré alcoolisé semblable au sabayon) de A.T. & R. Boote (1851). On l'utilisait également pour servir des grogs chauds. La boisson était versée, à l'aide d'une louche, dans de petites tasses munies d'une anse (en haut).

A DROITE Tasse de 9 cm de hauteur, du modèle « Gothic », utilisée à l'origine pour boire le *syllabub*. Aujourd'hui, elle est parfaite pour servir un *expresso*.

La plupart des fabriquants d'*ironstone* produisaient, pour chacun de leurs modèles, des séries de sept ou huit pichets. Les deux plus grands servaient pour la toilette (rangée du bas) ; les deux de taille intermédiaire étaient des pichets à eau ou à lait,

pour la table (deuxième et troisième rangée) ; et les trois plus petits étaient des crémiers (rangée du haut), assortis aux théières, cafetières et sucriers. Les grands pichets à eau étaient souvent ornés de motifs naturalistes au détail soigné.

CI-DESSUS Le thé, le café et autres boissons chaudes avaient chacun leur pièce de service attitrée. Cette chocolatière avec son couvercle et ces pichets anglais de style gothique anglais reflètent les goûts nouveaux qui émergent au milieu du XIXe siècle.

A DROITE Pichet aux formes voluptueuses datant des années 1850. Avec son bec évasé et son anse raffinée, dans le prolongement du corps, il a trouvé aujourd'hui sa place sur une console, transformé en vase déco.

Au siècle dernier, le thé était servi à toute heure de la journée. Il y avait le thé du petit déjeuner, celui de onze heures – version britannique de la « pause-café » de la fin de matinée – le thé de l'après-midi – ou célèbre « five-o'clock tea » – et enfin le « high tea », que l'on pourrait traduire par « goûter-dîner ». Il n'y a donc rien d'étonnant à trouver une telle variété de théières. Un service à thé se composait traditionnellement d'une théière, bien sûr, mais aussi d'un crémier, d'un sucrier, d'un récipient destiné à recevoir les feuilles de thé après infusion et de tasses sans anse accompagnées d'une sous-tasse profonde.

Le corps de la théière, le bec, l'anse, le couvercle et son bouton étaient généralement moulés séparément. C'est dans les années 1840 que les Anglais commencent à exporter vers l'Amérique leurs théières robustes. L'évolution des goûts, en architecture comme dans les arts décoratifs – depuis les motifs de style gothique anglais du milieu du XIXe siècle jusqu'aux fleurs victoriennes de la fin du même siècle – se reflète dans celle de la forme des théières.

Cloche à fromage anglaise ou américaine, avec son lourd couvercle. Haute de 33 cm, elle est ornée d'un motif en relief composé de feuilles de cornouiller, d'herbes et de fleurs sauvages. D'autres cloches à fromage de ce type étaient peintes et recouvertes d'une glaçure de faïence.

CI-DESSUS On retrouve également l'*ironstone* pour des objets utilitaires tels que les moules à gelée, à pudding ou à blanc-manger – sorte de gelée faite avec du lait et de la farine de mais, le matériau, épais et lourd, pouvant supporter des liquides très chauds.

RANGÉE DU HAUT En Amérique plus particulièrement, les pichets à sirop, munis d'un couvercle en étain étaient utilisés pour servir un sirop sombre ayant la couleur de la mélasse et réputé pour son pouvoir sucrant.
RANGÉE DU MILIEU Les saucières étaient des accessoires indispensables pour accompagner

une viande ou une volaille rôtie. Certains modèles rappellent la Grèce antique, et la forme des anses est assortie aux détails des grands plats de service.
RANGÉE DU BAS Les beurriers conservateurs existent souvent en deux tailles différentes et comportent une coupe qui isole le beurre de la glace utilisée pour le garder au frais.

A GAUCHE Plat à rôti avec réserve de T.J. & J. Mayer, conçu pour servir les viandes, le jus pouvant s'écouler par les volutes creuses en forme de branches jusqu'au réservoir, plus profond, destiné à le recevoir. Des pieds solides soutiennent ce plat, qui mesure près de 51 cm de long.

EN BAS A GAUCHE Série complète de sept plats faciles à empiler du modèle « Sydenham », dont la taille varie de 25 à 51 cm de long.

A DROITE Plat victorien avec aile ajourée, légèrement ondulée, destiné à recevoir un panier à châtaignes chaudes. Les pièces ajourées étaient d'abord coulées dans des moules, puis souvent découpées à la main avec un instrument tranchant en forme de plume permettant d'obtenir cet effet de dentelle.

CI-DESSUS En Angleterre, les plats de viande ou de poisson anglais étaient traditionnellement accompagnés d'une grande variété de *pickles*, *chutneys* et autres condiments. Les motifs en forme de poignées ornant l'une ou les deux extrémités de ces raviers permettent de les faire circuler aisément autour de la table. On y retrouve les principaux motifs de l'*ironstone*. Les formes de feuilles et de coquillages étaient particulièrement appréciées.

A DROITE Aujourd'hui, cet élégant ravier fait son apparition à l'heure de l'apéritif.

Comportant plus de 400 pièces, ce service de John Edwards, de Fenton, du modèle « President Shape » déposé en 1855, puis une nouvelle fois en 1856, donne une idée de tout ce que comprenait, à l'époque, un service complet. La série complète de huit pichets gradués est assez rare. Rangé aujourd'hui dans le vaisselier d'une cuisine du Connecticut, ce service est utilisé quotidiennement.

CI-DESSUS Les assiettes plates existaient en sept tailles différentes, la plus grande ayant un diamètre de 27 ou 28 cm. Disponibles dans plusieurs décors, les assiettes avaient un fond de taille variable et des ailes décorées. L'endroit où l'on met la nourriture n'était pas décoré.

A DROITE Souvent achetées une par une aujourd'hui, les assiettes dépareillées peuvent être regroupées pour former un service informel. Leur robustesse et l'épaisseur des glaçures permettent de les passer sans crainte au lave-vaisselle.

REDWARE

Poterie rouge

Première céramique produite en quantité dans l'Amérique coloniale, le *redware* a pour base l'omniprésente argile rouge employée à la fabrication des pots de fleurs, briques et quantité d'autres objets domestiques. L'utilisation de l'étain et du verre devenant de plus en plus fréquente pour des objets tels que les chandeliers, les cadres ou encore les chopes, les potiers vont peu à peu cantonner leur production aux cruches, aux pots à conserves et aux plats.

Pour travailler cette terre rouge, les potiers moulaient à la main ou sur un tour à pied et devinrent experts dans l'application de la barbotine, pâte à base de terre, ayant la consistance du babeurre, que l'on applique sur le corps avec un barolet. La pièce décorée à la barbotine – avec ses courbes ondulées, noms ou dictons populaires – était ensuite passée au four pour fixer le décor. Les techniques de fabrication du *redware* n'ont jamais changé ; ainsi, les plats fabriqués au milieu du XVIIIe siècle sont très semblables à ceux produits près de soixante dix ans plus tard. Comme les potiers apposaient rarement leur marque sur leur travail, il est souvent difficile de distinguer les productions anglaise et américaine. Et certains modèles allemands ressemblent à des pièces réalisées en Pennsylvanie, ce qui, compte tenu de l'émigration, n'a rien d'étonnant.

Les décors à la barbotine laissaient au potier une grande liberté d'expression. Il était courant, par ailleurs, de réaliser des motifs sur commande pour des occasions particulières. L'application de noms était très populaire, ainsi qu'une forme ancestrale de publicité, qui encourageait les consommateurs à fréquenter telle ou telle taverne ou à visiter les malades.

La fragilité du *redware* et le poison contenu dans sa glaçure au plomb conduisirent à son remplacement, au milieu du XIXe siècle, par d'autres types de céramique bon marché. Aujourd'hui, la fragilité même de cette vaisselle et la texture exceptionnelle de la plupart des articles en font des pièces de collection rares. Plats, assiettes ou jattes sont appréciés pour leurs décors graphiques, calligraphiques ou audacieusement géométriques. Même s'ils ne peuvent plus être utilisés comme vaisselle aujourd'hui, ce sont des objets uniques, méritant d'être considérés comme des œuvres d'art folklorique.

De fabrication relativement simple, comme ces pichets et chopes du XIXe siècle, le *redware* complétait utilement l'étain des pots et assiettes et le bois des saladiers présents dans la plupart des foyers américains.

CI-DESSUS ET À DROITE Ces deux plats ornés d'un riche décor à la barbotine ont été fabriqués en Pennsylvanie vers 1825.

Assiettes à décor en barbotine provenant de Long Island, de New York, du Connecticut et de Pennsylvanie. Ainsi regroupées, elles témoignent de la diversité et de l'inventivité des décors obtenus par les potiers grâce à cette technique particulière. Après l'application de la barbotine, les plats étaient cuits dans un four pour fixer le décor. La barbotine, qui avait la consistance d'une pâte délayée, était fabriquée à partir d'une terre jaune pâle importée d'Angleterre.

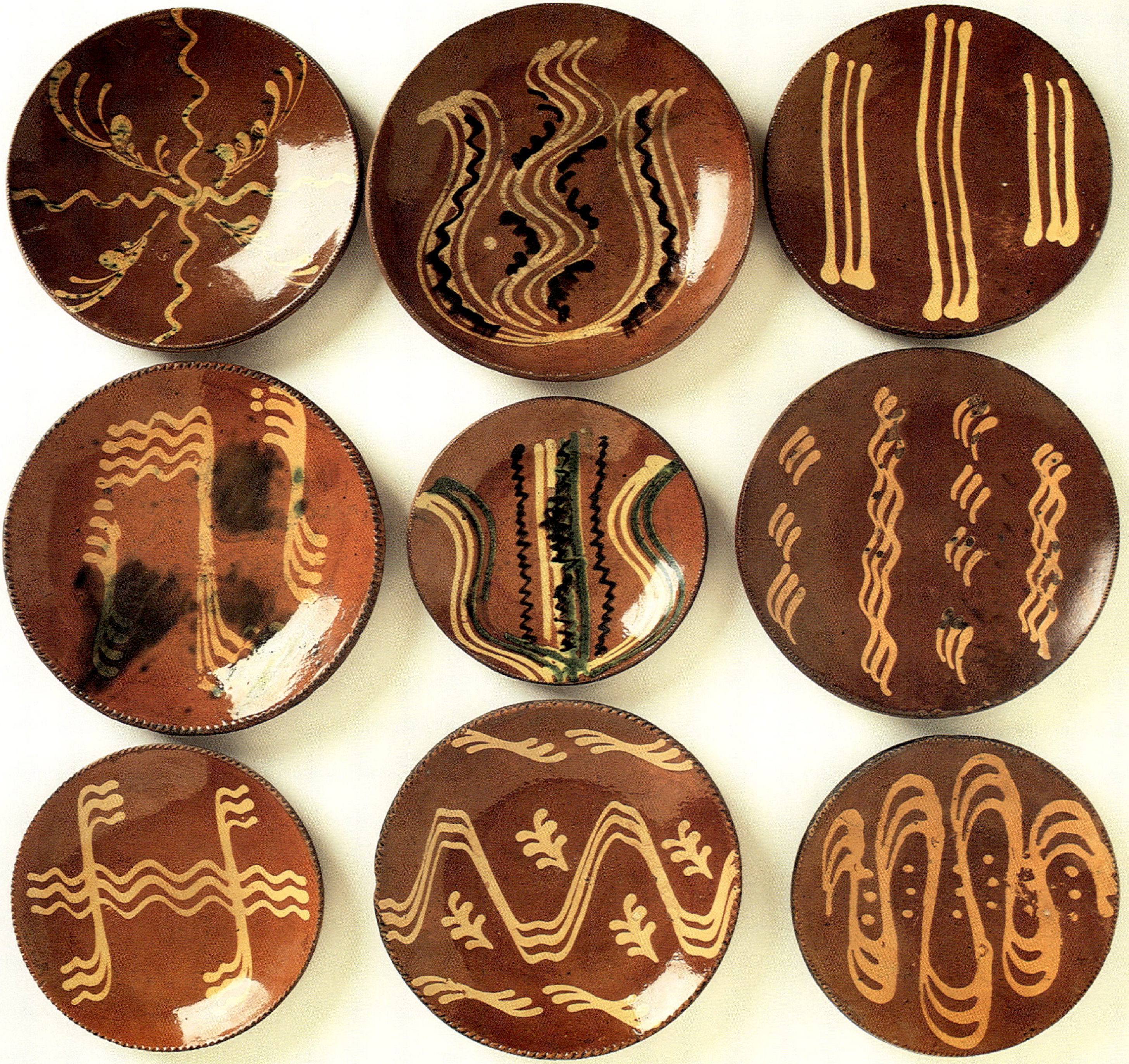

CI-DESSUS Ces plats à pain ont les lignes ondulées et le fond rouge orangé caractéristiques du *redware* décoré à la barbotine. La forme ovale, toutefois, est inhabituelle.

A DROITE Ce grand plat décoré à la barbotine a probablement été réalisé à Cape Cod vers 1800. C'est, aujourd'hui, une pièce rare dont la fonction est plus décorative qu'utilitaire.

A GAUCHE Les plats à pain étaient souvent ornés de décors commémorant des événements historiques. Celui du haut, par exemple, a été fait à l'occasion de la venue en Amérique de Lafayette, pendant la Révolution américaine.

A DROITE On utilisait souvent la barbotine pour écrire sur le fond des assiettes en terre rouge le nom de leur(s) propriétaire(s), un dicton ou une description de la nourriture qu'elle était supposée contenir. Ainsi : « Chicken Potpie » (tourte au poulet) ou « Lemon Pie » (tarte au citron) Les assiettes étaient réalisées sur commande pour une personne particulière ou pour commémorer un événement.

Viset the sick
St Gertrude virgin
William & Mary
Mary
Green Back
Cheap
St Anastasia
Cheap for Cash
Sarahs
honour the
Daniel
Cheap Ware
Clams & oysters
Chicken Potpie
Lemon Pie

Give Drink
to the
thirsty

Ce plat à pain, réalisé vers 1825 et sur lequel on peut lire « Give Drink to the Thirsty » (donne à boire à ceux qui ont soif) était exposé dans une taverne.

Cruches provenant de la vallée de Shenandoah, fabriquées vers 1880
par Jacob Eberly à Strasburg, en Virginie. Toutes ces pièces ont un revêtement
vitrifié à base d'oxyde de manganèse et de cuivre, à l'exception de la deuxième
à partir de la gauche, dans la rangée du bas, qui a une glaçure jaune

et un décor violet de feuilles et de fleurs stylisées. La forme du second pichet à partir de la droite, dans la rangée du bas, avec ses bords droits et son col évasé, est caractéristique des céramiques d'Eberly. Les taches gris brun du décor contrastent avec le fond jaune.

CI-DESSUS Cruches et pots du début du XIXe siècle, fabriqués dans le Massachusetts, le New Hampshire et le Maine. Certains servaient à conserver la mélasse et le vinaigre (rangée du haut) ; d'autres, les herbes. Les cruches étaient parfois utilisées comme des cocottes.

A DROITE Les pots avec une glaçure violette sur une glaçure orange viennent de Nouvelle-Angleterre. Celui de gauche, sur l'étagère du haut, a été fabriqué à Hartford, dans le Connecticut ; celui de droite, dans le Maine celui sur l'étagère du bas, dans le Massachusetts, au début du XIXe siècle.

Exemples rares de jattes décorées à la barbotine, ornées de motifs géométriques colorés et mesurant de 19,7cm à 33 cm de diamètre. Elles ont été fabriquées entre 1790 et 1820 à Hagerstown, dans le Maryland.

SPONGEWARE

Céramique décorée à l'éponge

Le *spongeware* se caractérise plus par la technique employée pour son décor que par le type de céramique utilisé pour le fabriquer. Il est considéré comme un dérivé du *spatterware*, céramique décorée selon une technique qui fit son apparition dans le Staffordshire dans la seconde moitié du XVIIIe siècle. Le *spatterware* a un décor constitué de centaines de petits points projetés avec une brosse fine, permettant de réaliser des motifs colorés qu'on appelle putoisé. Le *spongeware* tire son nom des petites éponges avec lesquelles la couleur est appliquée (même si l'on emploie également pour cela des morceaux de tissus, des tampons en pomme de terre ou des brosses). C'est une technique de décoration plus rapide et plus efficace que celle du *spatterware*.

L'un des premiers maîtres du *spongeware*, Thomas Whieldon (1719-1795), de Little Fenton, dans le Staffordshire, a mis au point des techniques si sophistiquées que son nom est resté associé aux taches denses de brun, de jaune et de vert foncé qui caractérisent ses poteries vernissées. Whieldon s'est inspiré de l'aspect de l'écaille, de l'agate et du marbre. Plus tard, certains de ses successeurs iront en France travailler dans des centres de céramique tels que Forges-les-Eaux, Sarreguemines et Lunéville. Maastricht aux Pays-Bas, le bassin de la Sarre, en Allemagne – où la céramique porte parfois la marque « Villeroy & Boch » – et Tournai, en Belgique, vont également devenir des centres importants pour la fabrication du *spatterware* et du *spongeware*.

Au milieu du XIXe siècle, d'énormes quantités de vaisselle sont exportées vers l'Extrême Orient, l'Afrique de l'Ouest, l'Amérique du Sud et l'Amérique du Nord. W. Adams & Sons, de Stoke, est un important producteur anglais ; dans les années 1860, on estime sa production hebdomadaire à 70 000 douzaines de pièces, uniquement pour les marchés étrangers. Mais la plupart de ces pièces ne portent aucune marque de fabrique.

Au tournant du siècle, la production de *spongeware* est en grande partie reprise par les fabriques américaines. Red Wing, dans le Minnesota, et East Liverpoll, dans l'Ohio, en sont les premiers centres importants.

Cette technique de décor à l'éponge est appliquée à une grande variété de céramiques, les plus courantes étant le *stoneware* et le *yellowware*. Une technique voisine, le *cut-sponge* (ou décor à l'éponge découpée), selon laquelle des motifs simples, comme une étoile, une croix, une fleur, ou encore un décor géométrique, sont appliqués à l'aide de tampons découpés dans de l'éponge ou de la pomme de terre, est couramment employée, au XIXe siècle, en Irlande et en Ecosse. Ce travail, souvent réalisé par des enfants, est exécuté sur des plats ordinaires.

Le *spongeware* et le *spatterware* vont être produits en quantités telles, jusque dans les années 1930, qu'il est difficile de comprendre pourquoi il en reste si peu aujourd'hui. Toutefois, le *spongeware* fut exporté dès le début et on en retrouve aujourd'hui un peu partout, aussi bien dans les marchés aux puces que chez les antiquaires de luxe, dans toute l'Europe, aux Etats Unis et même en Asie.

La technique du *spongeware* rapproche ce pichet portugais, ce saladier russe et ce pot à conserves américain.

Utilisant la technique de décor à l'éponge découpée, ou *cut-sponge*, ces assiettes plates et assiettes à soupe anglaises, ont été ornées de décors géométriques et floraux, parmi lesquels la très populaire bordure camélia.

Ces assiettes à soupe font partie de la cargaison récemment retrouvée de l'*Adgillus*.
Ce voilier, construit au Quebec en 1873 pour Thomas Harrison, de Liverpool, essuya, lors de son premier voyage, en octobre 1874, une terrible tempête au large des côtes du Lancashire. L'équipage jeta la cargaison par-dessus bord et parvint de justesse à quitter le navire avant qu'il ne sombre.

A GAUCHE Ces deux assiettes à soupe monochromatiques, fabriquées en Hollande à la fin du XIXe siècle et décorées selon la technique de l'éponge découpée, ont un décor central similaire, l'éléphant, mais des ailes de style différent. Elles étaient destinées l'exportation vers l'Indonésie, alors colonie hollandaise.

A DROITE Ces assiettes et ces bols français, anglais, écossais, gallois ou belges, témoignent de la diversité des décors réalisés au tampon (à l'éponge ou à la pomme de terre), allant de la simple bordure aux décors complexes couvrant l'ensemble de l'assiette.

CI-DESSUS Ces plats de service allant au four, caractéristiques du *spongeware*, ressemblent à ceux réalisés au début des années 1880 par la Mayer Pottery Company de Beaver Falls, en Pennsylvanie.

A DROITE Ce saladier avec une aile décorée à l'éponge découpée a été fabriqué au début du XXe siècle par la manufacture de Kouznetov, à Saint-Pétersbourg, en Russie.

CI-DESSUS La forme simple de ces bols est typiquement française. Utilisés pour le café au lait, ils ont été fabriqués par les manufactures de céramiques, tout au long du XIXe siècle. Etant des articles ordinaires, la plupart d'entre eux ne portent pas la marque du fabriquant. Les plus anciens proviennent de Creil-Montereau : dans la rangée du haut, le troisième et le quatrième en partant de la gauche ; dans la seconde rangée, les deux du centre ; et dans la troisième rangée, le second en partant de la gauche. A DROITE Cette tasse anglaise du milieu du XIXe siècle, qui avait perdu sa soucoupe, a été heureusement mariée à une autre soucoupe de teinte similaire. A côté, le petit bol à crème renversée - est aujourd'hui utilisé comme sucrier.

CI-DESSUS Au XIXe siècle, les tasses à thé anglaises ou américaines sans anse étaient également très couramment utilisées en Europe pour servir les consommés. Celui du haut est orné d'un décor «flocons de neige» et est considéré comme «répandu», à cause du débordement du bleu sur le corps de la tasse.
A DROITE Empilées les unes sur les autres, ces soucoupes ont été séparées de leur tasse. Il est rare de trouver intact un ensemble tasse-soucoupe.

A GAUCHE Différents aspects du *spongeware* anglais, avec ces ravissants pichets à eau ou à lait. Le décor du pichet de droite, en haut, s'appelle *Arno* ; il était fabriqué par la manufacture Willets, de Trenton, dans le New Jersey.

A DROITE En Normandie, région réputée pour ses pommes, la tradition veut que l'on boive le cidre dans ces coupes à la forme particulière.

CI-DESSUS ET À DROITE *Spongeware* portugais : assiette et plats ovales aux décors très colorés. Creux ou plats et de tailles variées, ces objets étaient, à l'origine, très ordinaires et se vendaient, au début du XXe siècle, dans les foires de campagne. Ces terres cuites vernissées ont été fabriquées à Coimbra, un grand centre de céramique au Portugal.

CI-DESSUS *Spongeware* portugais : variations autour d'un même décor grossièrement réalisé à l'éponge sur de petits bols en terre cuite vernissée.

A DROITE Assiettes et bol portugais fabriqués au tournant du siècle avec un décor inhabituel, réalisé au hasard.

CI-DESSUS ET À DROITE Dînette pour petite fille comprenant soupières, saladiers, assiettes et plats, réalisée au tournant du siècle en France. Les formes et le décor suivent ceux du service de taille normale réalisé par le même fabriquant.

CI-DESSUS ET À DROITE Ces assiettes du XIXe siècle (23 cm de diamètre), que l'on exposait fièrement sur les étagères du vaisselier familial, ont été réalisées à Ferrare, en Italie. L'aile est décorée à l'éponge tandis que le motif central, ici une femme fumant et un homme barbu, a été peint à la main.

A GAUCHE ET À DROITE
Assiettes décoratives réalisées entre le milieu du XIXe siècle et le début du XXe siècle, destinées à être accrochées au mur ou exposées sur les étagères d'un vaisselier. Les décors centraux – paysages, maisons, personnages, fleurs ou animaux – peints à la main ou au pochoir, sont souvent entourés d'une aile décorée à l'éponge. Le coq, symbole traditionnel de la France, était souvent représenté.

Je bois et je dis
Buvons mes amis.

A GAUCHE Ces plats entièrement décorés ont été réalisés à des époques différentes, en des lieux différents, malgré leur décor similaire. Les plats de gauche des rangées du haut et du bas datent de la fin du XVIIIe siècle, et ont été réalisés par Thomas Whieldon de Little Fenton, dans le Staffordshire. Ils témoignent de la qualité exceptionnelle des glaçures de ce maître potier, ainsi que de la richesse de couleur de ses décors à l'éponge. Whieldon eut une très grande influence et son nom est devenu synonyme de ce type de céramique, le *creamware*. Quelques décennies plus tard, une génération de céramistes quitte l'Angleterre pour la France, où elle introduit ses techniques de décor à l'éponge et de glaçure. Le plat de droite, dans la rangée du milieu, date du milieu du XIXe siècle et a été fabriqué en France. Les trois autres sont portugais et datent de la fin du XIXe siècle.

A DROITE Trois assiettes françaises fabriquées à Forges-les-Eaux au milieu du XIXe siècle, ornées d'un cercle de manganèse qui contraste avec le décor à l'éponge couvrant toute la surface de l'assiette. Elles prennent des airs tout à fait modernes lorsqu'elles sont intégrées à un couvert informel, comme ici, dans un loft parisien.

PAGES PRECEDENTES, CI-CONTRE ET VERSO
Les pichets avec décor bleu à l'éponge – les grands étant pour l'eau et ceux aux côtés arrondis, ou ventrus, plutôt pour le lait – sont les objets les plus représentatifs du *spongeware*. Ils sont généralement moulés à partir du grès brut, puis on leur ajoute un bec et une anse. Les décors sont obtenus en tamponnant de la couleur – ici diverses teintes de bleu – sur la surface du pichet à l'aide d'éponges, de brosses ou de morceaux de tissus. La technique, née en Angleterre, est ensuite généralement adoptée aux Etats Unis, où elle est utilisée jusqu'en 1930. Il existe une variété apparemment infinie de décors, allant du chevauchement de cercles ressemblant à du grillage à poule jusqu'aux simples bandes horizontales ou verticales, parfois ornées de fleurs.

CI-DESSUS ET À DROITE Ce type de récipients, et particulièrement les beurriers, étaient indispensables au garde-manger, avant que l'invention de la glacière et plus tard, des réfrigérateurs, ne rendît certains d'entre eux obsolètes. Les boîtes à sel et à thé, plus récentes, font sans doute partie d'un ensemble.

Salt
Tea
Butter
BUTTER

Les formes robustes du *spongeware* le rendaient particulièrement adapté à un usage quotidien dans la cuisine. Les rafraîchissoirs, (rangée du bas, troisième en partant de la gauche) étaient parfois équipés d'un système de filtre et sont les ancêtres des fontaines de bureau actuelles. Cocottes avec ou sans couvercle, avec ou sans anse, allant au four aussi bien que sur la table de salle à manger, mais aussi saladiers et plats de toutes sortes, ou encore pots à haricots (rangée du bas, troisième et quatrième en partant de la droite) étaient partout dans les cuisines américaines du tournant du siècle.

VERSO Strictement utilitaire à l'origine, le *spongeware* est souvent devenu purement décoratif, tels cette théière, cette tasse à entremet et ce pichet, qui ornent aujourd'hui orner la cheminée d'une ferme XVIIIe dans le Connecticut.

Le *spongeware* ancien avec décor bleu vif est devenu rare aujourd'hui. Les plats de service avaient souvent des bords contournés et les plats peu profonds, carrés ou ovales, existaient en diverses tailles. A la fin du XIXe siècle, la production de ces articles se fait essentiellement dans le Maryland et le New Jersey.

Cette ambitieuse collection de *spongeware* bleu et blanc, comprenant assiettes plates, assiettes à soupe, tasses et soucoupes, pichets et plats est encore utilisée aujourd'hui lorsque la table est dressée dans la salle à manger de cette vieille ferme. Le buffet, muni de portes vitrées, a été peint dans le même ton de bleu pour fournir à la vaisselle un fond parfait.

MOCHAWARE

Céramique à décor herborisé ou à la barbotine

Le *mochaware* doit son nom à deux espèces de pierres, importées d'Arabie en quantités massives à la fin du XVIIIe siècle, qui étaient expédiées depuis le port de Moka (ou Mocha), sur la Mer Rouge. Ces pierres - la pierre de Moka et l'agate mousseuse, pierre semi-précieuse utilisée en bijouterie - révélaient, une fois coupées, des motifs herborisés. A l'origine, seule la faïence à décor herborisé était appelée *mocha*. Cent vingt-cinq ans plus tard, *mochaware* est le nom donné à toutes sortes de faïences à décor coloré en barbotine.

Les premières pièces de *mochaware*, avec décor en barbotine - marbre peigné et autres effets de ce type - sont réalisés en Angleterre vers 1770. A l'origine, les objets étaient façonnés sur un tour, puis tournés pour ôter tout surplus de terre. On leur ajoutait parfois une ou plusieurs bandes texturées et, avant que la barbotine ne sèche, on appliquait sur l'objet retourné quelques gouttes d'infusion colorée de tabac ou d'urine. La réaction chimique et la force de gravité créaient ces motifs herborisés.

Le Staffordshire et le Yorkshire sont alors les deux centres britanniques de la production de *mochaware* – dont une grande partie est fabriquée spécifiquement pour l'exportation vers l'Amérique. La France va également produire beaucoup de *mochaware*, les manufactures françaises ayant embauché des ouvriers anglais hautement qualifiés dans ce domaine, avec l'espoir qu'ils leur livreraient leurs secrets.

Des découvertes archéologiques sur l'Amérique du début du XIXe siècle situent le *mochaware* dans les foyers des classes moyennes et ouvrières - indication qui prouverait que ce type de céramique était, à l'origine, bon marché. On en a même retrouvé des fragments près des quartiers des esclaves, à Monticello, ville natale de Thomas Jefferson. Chacun des objets que l'on voit aujourd'hui paraissant unique, on a peine à croire qu'ils furent produits en quantités énormes en Angleterre, en France et même, plus tard, en Amérique. Mais peu de pièces ont survécu intactes à l'usage quotidien qui en fut fait dans les cuisines, les pubs ou les auberges.

Aujourd'hui, nous considérons ces objets au graphisme novateur avec un regard différent, y voyant des motifs annonciateurs - avec parfois deux cents ans d'avance - de mouvements artistiques tels que l'op art ou l'expressionnisme abstrait.

Cafetière française du XVIIIe siècle en faïence, tout à fait typique, portant la marque « Sarreguemines », et montrée ici avec un ensemble de pièces anglaises – dont les chopes – un peu plus tardives. Toutes sont ornées d'un décor herborisé qui évoque les dessins de l'agate mousseuse.

Divers aspects du *mochaware* : pots anglais réalisés entre la fin du XVIIIe siècle
et 1830, dont un exemplaire rare datant du début du XIXe siècle,
avec un fond jaune, tout à fait à gauche. Ceux à fond blanc sont soit du *creamware*
soit du *pearlware*. Les décors herborisés ont été obtenus en faisant tomber
sur la barbotine encore fraîche quelques gouttes d'une solution acide colorée
contenant de l'urine avant de le passer au feu, sous la couverte.

Pots à fond blanc – *creamware* ou *pearlware* – montrant divers exemples de décor en barbotine appliqué sur un tour horizontal. Les motifs géométriques ont été obtenus sur un tour mécanique ; les autres ont été réalisés à la main, la barbotine suintant à travers des plumes d'oie, selon une technique semblable à celle du glaçage d'un gâteau. Pour les motifs ronds, appelés « œil de chat », un récipient particulier a été utilisé, avec trois compartiments séparés contenant chacun une couleur de barbotine différente.

EN HAUT Grands pots du début du XIXe siècle, mesurant de 20 à 25 cm, ornés d'un décor alliant brindilles, ondulations, œil de chat et serpentin (ou *worming*). Les anses métalliques remplacent celles d'origine, en faïence.
EN BAS Pot double extrêmement rare en faïence vernissée, servant sans doute à transporter l'eau, réalisé en Angleterre vers 1830.

À DROITE Pot anglais (*creamware*) fabriqué vers 1775, dont le décor savant trouve parfaitement sa place sur cette ancienne cheminée américaine. Le pot au décor marbré est encerclé par des guirlandes en relief et des bandes réalisées au pinceau avec une glaçure à l'oxyde de cuivre, qui donne cette teinte d'un vert éclatant.

CI-DESSUS *Creamware*, *pealrware* ou *yellowware*, ces pots datent du XVIIIe siècle, à l'exception du plus gros, qui a été fabriqué au milieu du XIXe siècle. Sa forme est semblable à celle des pièces réalisées dans le Derbyshire, et plus tard en Amérique, et sa surface est composée de minuscules morceaux de terre colorée, aplatis sur une grande feuille avant d'être appliqués sur le pot, la barbotine fraîche servant de colle.

A DROITE Si, au XIXe siècle, les pubs servaient souvent la bière dans ces chopes d'une contenance d'une demi-pinte ou parfois d'un litre, elles sont, de nos jours, plutôt utilisées pour boire le café ou le thé.

Au début du XIXe siècle, ces chopes d'une capacité d'un litre, avec divers décors caractéristiques du *mochaware*, étaient couramment utilisées, dans les foyers comme dans les pubs, dans tout le nord-est des Etats-Unis. Leur forme se prête particulièrement bien à toutes sortes de décors, géométriques ou à motifs. La troisième chope en partant de la droite, dans la rangée du bas, est la plus ancienne et remonte approximativement à 1770.

A GAUCHE Petite chope avec décor géométrique de manganèse sur fond crème.

A DROITE Détail d'un saladier en faïence dont l'intérieur est orné d'un décor de cordage en barbotine.

Salières sans couvercle (rangée du haut) et moutardiers, datant du début du XIXe siècle. La technique employée pour décorer le pot de gauche de la rangée du bas s'appelle la roulette. On passe pour cela un outil ressemblant à une roulette de cuisine dans la terre malléable, en remplissant les creux de barbotine noire, puis en arasant les surplus de terre.

EN HAUT Saladier anglais de 18 cm de diamètre, réalisé vers 1820 et orné du décor d'œil de chat et de cordage. Le cordage a été obtenu en répétant en continu le motif d'œil de chat. Ce type de saladier, que l'on commence à fabriquer vers 1810 et que l'on qualifie de «forme anglaise», remplace peu à peu celui à bords ronds de style chinois fabriqué au XVIIIe siècle.

EN BAS Bouton et anses de ce saladier à couvercle, fabriqué en Angleterre vers 1830, sont mouchetés de cobalt.

PAGES SUIVANTES C'est à Easfield Village, dans le nord de l'état de New York; qu'a été réalisé ce grand saladier (à gauche), par Don Carpentier, collectionneur et potier. Les techniques originales employées pour le saladier de droite ont servi de modèle au nouveau décor.

MASON'S
PATENT
NOV 30
1858

CI-DESSOUS ET À DROITE Les collectionneurs appellent « palmette », « sucette », « ballon » ou « feuille de tabac » les décors inhabituels de ces pièces datant du XIXe siècle tandis que les historiens les qualifient d'« éventail trempé », se référant à la technique de fabrication : on remplit un récipient de barbotine et on fait couler d'autres couleurs de barbotine sur la surface, en bandes ou de manière aléatoire. La pièce est ensuite trempée dans un bain aux couleurs de l'arc-en-ciel et maintenu droit jusqu'à ce que la barbotine soit fixée. La méthode est répétée plusieurs fois tout autour du récipient. La théière est de John Shorthose, qui était installé à Hanley, dans le Staffordshire, et y travailla entre 1807 et 1823.

Qualifiés de poivriers par les collectionneurs et de saupoudroirs par les conservateurs de musée, ces petits saupoudreurs ont été fabriqués entre 1800 et 1860.

YELLOWWARE

Céramique grésée jaune

Basique, utilitaire et résistant, le *yellowware* était le moins cher et le plus simple des types de céramique de cuisine. Il doit son nom à la couleur de la terre dont il est composé, qui varie du jaune pâle au brun clair. La terre est cuite à haute température avant d'être couverte d'une glaçure alcaline transparente. Réservé tout d'abord à un usage domestique, le *yellowware* supporte de hautes température et allait souvent directement du four sur la table. Produit dès la fin du XVIIIe siècle en Ecosse et en Angleterre – plus particulièrement dans le Derbyshire et le Yorkshire – il se développe en Amérique au tournant du XIXe siècle et devient, en moins d'un demi-siècle, une industrie florissante de petites entreprises. Avec ses réserves naturelles d'argile, le New Jersey en est un des premiers centres. On trouve aussi de nombreux potiers dans le Kentucky, en Pennsylvanie et en Nouvelle Angleterre.

L'introduction de moules et de la production de masse vont révolutionner les rendements du *yellowware*. L'Angleterre en exporta des quantités énormes jusqu'au moment où, dans les années 1870, les fours à gaz vont permettre à la production américaine d'augmenter, provoquant un déclin brutal dans les importations anglaises. Plus grandes et automatisées, les usines peuvent produire une grande variété d'articles présentés et vendus par catalogues. Du milieu des années 1860 au milieu des années 1880, la plupart des grandes manufactures sont concentrées dans l'Ohio, et plus particulièrement à Roseville, East Liverpool, Cincinnati et, plus tard, Crooksville. Les potiers anglais, ayant émigré vers le Midwest, leur savoir-faire, et l'abondance d'argile dans la région, vont permettre aux usines de prospérer.

Tout d'abord uni et sans décor, le *yellowware* – saladiers, plats, cocottes, tasses et pichets – vont rapidement s'orner de bandes de couleur et de décors à l'éponge ou herborisés (voir chapitres sur le *mochaware* et le *spongeware*). A la fin du XIXe siècle, les décors en relief, également très populaires, apparaissent sur les jattes, les pots à conserves, les assiettes et les pots à biscuits.

Les saladiers et les plats ronds, peu profonds, à fond plat et à bords en biais, allant au four - étaient disponibles en séries gigognes, mesurant de 8 cm à 45 cm de diamètre, les plus grands et les plus petits de chaque série étant les plus difficiles à fabriquer.

Jusqu'à une période récente, beaucoup de manufactures ont continué à produire du *yellowware*. La production massive et la robustesse du yellowware font qu'on en trouve encore assez facilement aujourd'hui. Simple et basique par la forme, le décor et l'utilisation, le *yellowware* s'intègre sans difficulté dans n'importe quelle cuisine, de la plus rustique à la plus «high-tech».

A GAUCHE Le yellowware moulé, comme ces théières datant toutes du tournant du siècle, était souvent orné de décors en relief de toutes sortes, et notamment de fleurs ou de motifs de vannerie.

Fabriqué par des centaines de potiers et de manufactures, le saladier est la forme la plus répandue du *yellowware* et devient l'élément de base de la cuisine américaine du XIXe siècle. Tourné ou – à partir de la fin du XIXe siècle – moulé, le saladier est souvent orné de bandes de couleurs et disponible en séries allant de 8 ou 10 cm à 45 cm de diamètre. Les premiers modèles, tournés à la main, étaient généralement tout simples, sans décor, sans base et sans rebord. Les moules faisant leur apparition vers 1830, les saladiers vont avoir, à partir de 1860, une base et un rebord.

CI-DESSUS Entre les années 1920 et 1940, Brush McCoy est l'un des grands fabriquants américains de jattes à glaçure verte, ornées d'une grande variété de motifs géométriques en relief.

A DROITE Série de jattes à glaçure verte, de tailles échelonnées, fabriquées dans le Middle West américain entre 1900 et 1930.

CEREAL
SUGAR
RICE
TEA
MUSTARD
GINGER
RICE
CEREAL
SUGAR
BEANS
BREAD
SALT
BUTTER

A GAUCHE Ces assortiments de pots, utilisés pour conserver des denrées telles que le riz et les céréales, ou les épices, ont constitué, pendant de nombreuses décennies, une des bases de la production de *yellowware*, dont la variété alla jusqu'à inclure boîtes à pain, rouleaux à pâtisserie, beurriers et salières. La série ornée de bandes a été fabriquée pendant la Première Guerre mondiale, par la manufacture Brush-McCoy. Celle de Hull a produit la série avec décor en relief. CI-DESSOUS Les pichets ornés de bandes étaient généralement fabriqués en séries de différentes tailles, allant du minuscule crémier aux grands pots à eau. Qu'ils soient tournés ou moulés, leur anse et leur bec verseurs sont généralement rapportés.

FLOUR
COFFEE
TEA

Les jattes à rebord, les moules à tartes ou encore les plats à tarte, de dimensions variées, datant parfois de la seconde moitié du XIXe siècle, peuvent encore être utilisés aujourd'hui. Bien que d'aspect simple et rustique, cette faïence s'intègre bien à une cuisine des années 1940, un style qui revient justement à la mode.

A GAUCHE Rockingham est un type de yellowware où la céramique est plongée dans une glaçure transparente avant d'être couverte d'une glaçure brune de manganèse appliquée selon une technique de projection. Moules à tarte, pots, jattes, moules, plats et pipkins – petites cocottes en faïence – ont ainsi été fabriqués en quantité au début du siècle. Bien souvent, les plats allaient directement du four sur la table.

A DROITE De forme ovale, ronde ou rectangulaire, les moules sont souvent ornés de détails figuratifs tels que poissons, lapins ou épi de maïs, liés aux puddings, blanc-mangers et terrines de viande ou de poisson que l'on y prépare.

VERSO Pichet avec glaçure verte, orné d'un décor « bois », et saladier vert moulé intégrés à une cuisine campagnarde d'aujourd'hui.

Basil

CI-DESSUS ET À DROITE Certains pichets et saladiers sont ornés de décors caractéristiques du *mochaware* – décors herborisés ou de « serpentin », que les potiers de l'époque appelaient « cordages » -, les bandes de couleur unie accentuant, par contraste, la douceur des motifs. Les pichets et les saladiers de ce type ont été fabriqués entre 1860 et 1880 en Angleterre et aux Etats-Unis.

Caloric

CH

BIBLIOGRAPHIE

Brewer, Mary, *Collector's Guide to Rockingham : The Enduring Ware*, Paducah, Kentucky, Collector Books, 1996.

Comstock, H.E., *The Pottery of the Shenandoah Valley Region*, Winston-Salem, Caroline du Nord, The Museum of Early Southern Decorative Arts, 1994.

Gallo, John, *Nineteenth and Twentieth Century Yellow Ware*, Richfield, Springs, New York, Heritage Press, 1985.

Huxford, Sharon & Bob, *The Collectors Encyclopedia of McCoy Pottery*, Paducah, Kentucky, Collector Books, 1993.

Ketchum, William C., Jr, *American Country Pottery : Yellowware and Spongeware*, New York: Alfred A. Knopf, 1987.

—, *The Confident Collector: Americam Pottery and Porcelain Identification and Price Guide*, New York, Avon Books, 1994.

Leibowitz, Joan, *Yellow Ware : The Transitional Ceramic*, West Chester, Pennsylvanie, Schiffer Publishing Ltd, 1985.

McAllister, Lisa S. & John L. Michel, *Collecting Yellow Ware : An Identification and Value Guide*, Paducah, Kentucky, Collector Books, 1993.

McConnell, Kevin, *Redware : America's Folk Art Pottery*, West Chester, Pennsylvanie, Schiffer Publishing Ltd, 1988.

—, *Spongeware and Spatterware*, West Chester, Pennsylvanie, Schiffer Publishing Ltd, 1990.

Raycraft, Don & Carol, *Collector's Guide to Country Stoneware and Pottery*, Paducah, Kentucky, Collector Books, 1993.

Rickard Jonathan, «Mochaware», *Antiques*, nº144 / 2 (Août 1993), p.182-89.

Robacker, Earl F. & Ada F., *Spatterware and Sponge : Hardy Perennials of Ceramics*, Cranbury, New Jersey, A.S. Barnes &Company, 1978.

Wetherbee, Jean, *A Second Look at White Ironstone*, Lombard, Illinois, Wallace-Homestead Book Company, 1985.

—, *White Ironstone : A Collector's Guide*, Dubuque, Iowa, Antique Trader Books, 1996.

REMERCIEMENTS

L'élaboration de cet ouvrage *Vaisselles*, de la collection OBJETS DOMESTIQUES fut une entreprise véritablement internationale :
nous aimerions remercier ici les Européens et les Américains, collectionneurs ou marchands, qui ont généreusement accepté de partager leurs trésors et permis à Marie-Pierre Morel et Marc Schwartz de les photographier : Jack Anspaugh, Don Carpentier, Ernie et Bev Dieringer, Sydney Gecker, Nancy et Don Kosiewski, Susan et Gerry Lauren, Jean-Louis et Marie-Jeanne Ménard, Tom et Olga Moreland, Marianne Racheline, Jonathan Rickard, et enfin Lewis et Janet Scranton.
Un grand merci également à David Brittain, Amy Crain, Jane Creech, Willie Frison, Charley Gold et Peri Wolfman, Harry Greenberger, Hélène Maury, Marianne Ménard, Nicole Blondel, Ellen O'Neil, Matt Sarraf, Jonathan Scott, Norma et Tommy Spada, Thomas Woodward et Blanche Greenstein, ainsi qu'à Michael, Jake et Lucie Steinberg.
Les objets que nous avons choisi d'inclure dans *Vaisselles* ayant longtemps été considérés comme ordinaires et sans intérêt particulier, nous devons beaucoup aux travaux de recherche qui ont été faits récemment dans ce domaine. Et plus particulièrement à des ouvrages tels que : *A Second Look at White Ironstone*, de Jean Wetherbee, 1985, édité par Wallace-Homestead Book Company ; *White Ironstone : A Collector's Guide*, 1996, édité par Antique Trader Books ; *Spatterware and Sponge : Hardy Perennials of Ceramics*, d'Earl F. &Ada F. Robacker, 1978, édité par A. S. Barns & Company, Inc. ; *Spongeware and Spatterware*, de Kevin McConnell, 1990, édité par Schiffer Publishing Company ; *Redware : America's Folk Art Pottery*, de Kevin McConnell, 1988, également édité par Schiffer Publishing Company ; *The Pottery of the Shenandoah Valley Region*, d'H. E. Comstock, 1994, édité par le Museum of Early Southern Decorative Arts ; et *Nineteenth and Twentieth Century Yellowware*, de John Gallo, 1988. Toute erreur dans l'interprétation des informations tirées serait sous notre entière responsabilité.
Nous souhaitons enfin remercier notre agent, Barbara Hogenson, ainsi que l'équipe d'Abbeville Press : Robert Abrams, Mark Magowan, Patricia Fabricant et Barbara Sturman. Et plus spécialement nos éditeurs, Jackie Decter à New York et Marike Gauthier à Paris.

Susan Slesin, New York
Daniel Rozensztroch, Paris
Stafford Cliff, Londres
Février 1997.

LH

INDEX

Les numéros de page en *italique* renvoient aux illustrations.

Crédits photographiques

© City Museum and Art Gallery Stoke on Trent : p.14 (en haut), 15, 16, et 17 ; © Hulton Getty : p.18 ; © Collection Viollet : p.14 (en haut).